BEI GRIN MACHT SICH IHR WISSEN BEZAHLT

- Wir veröffentlichen Ihre Hausarbeit, Bachelor- und Masterarbeit

- Ihr eigenes eBook und Buch - weltweit in allen wichtigen Shops

- Verdienen Sie an jedem Verkauf

Jetzt bei www.GRIN.com hochladen und kostenlos publizieren

Bibliografische Information der Deutschen Nationalbibliothek:

Die Deutsche Bibliothek verzeichnet diese Publikation in der Deutschen Nationalbibliografie; detaillierte bibliografische Daten sind im Internet über http://dnb.d-nb.de/ abrufbar.

Dieses Werk sowie alle darin enthaltenen einzelnen Beiträge und Abbildungen sind urheberrechtlich geschützt. Jede Verwertung, die nicht ausdrücklich vom Urheberrechtsschutz zugelassen ist, bedarf der vorherigen Zustimmung des Verlages. Das gilt insbesondere für Vervielfältigungen, Bearbeitungen, Übersetzungen, Mikroverfilmungen, Auswertungen durch Datenbanken und für die Einspeicherung und Verarbeitung in elektronische Systeme. Alle Rechte, auch die des auszugsweisen Nachdrucks, der fotomechanischen Wiedergabe (einschließlich Mikrokopie) sowie der Auswertung durch Datenbanken oder ähnliche Einrichtungen, vorbehalten.

Impressum:

Copyright © 2016 GRIN Verlag
Druck und Bindung: Books on Demand GmbH, Norderstedt Germany
ISBN: 9783668651722

Dieses Buch bei GRIN:

https://www.grin.com/document/414442

Lissi Theisen

Der Punk als Subkultur. Ursprung und Entwicklung in Deutschland

GRIN Verlag

GRIN - Your knowledge has value

Der GRIN Verlag publiziert seit 1998 wissenschaftliche Arbeiten von Studenten, Hochschullehrern und anderen Akademikern als eBook und gedrucktes Buch. Die Verlagswebsite www.grin.com ist die ideale Plattform zur Veröffentlichung von Hausarbeiten, Abschlussarbeiten, wissenschaftlichen Aufsätzen, Dissertationen und Fachbüchern.

Besuchen Sie uns im Internet:

http://www.grin.com/

http://www.facebook.com/grincom

http://www.twitter.com/grin_com

Hochschule Koblenz
FB Soziale Arbeit
Wintersemester 2016

Seminar: Lebensphase Jugend
Koblenz, den 30.01.2016

Hausarbeit

„Wie der Punk Deutschland überfiel"
Eine Prägung der Jugend die bis heute anhält

Inhalt

1. Einleitung 3
2. Jugend(sub)kulturen 4
    2.1 Begriffserklärung 4
    2.2 Wandel der Jugend im Laufe der Zeit 4
3. Punk - Von seinen Anfängen bis heute 5
    3.1 Entstehung des Punk 5
    3.2 Punk in Deutschland 6
    3.3 Punk heute 7
4. Resümee 8
Literaturverzeichnis 9

1. Einleitung

Der Begriff „Punk" wird häufig mit Begriffen wie Gammler, Irokesenhaarschnitt, Ratten, Müll, Alptraum aller Eltern, Arbeitslosigkeit und vielleicht sogar Obdachlosigkeit assoziiert. Wer den Titel „Punk" trägt, gilt in der Regel als Außenseiter mit geringem Ansehen. Doch Punk ist eben nicht nur dieses Vorurteil, Punk ist eine Selbstverwirklichung und eine Art von selbstbestimmter Freiheit.

In dieser Hausarbeit wird sich dem Punk als Jugendkultur gewidmet. Mich hat diese Art der Jugendkultur schon immer sehr fasziniert und irgendwie in ihren Bann gezogen. Der Begriff Punk steht nicht nur in Deutschland für eine rebellische und provokante Jugendkultur. Der Begriff Punk, ursprünglich eine Bezeichnung für das Minderwertige, erreichte über die USA (dort heute noch negativ und minderwertig behaftet) und Großbritannien u.a. Deutschland. Punk hat sich hier, anders als in den USA, als Kultur etabliert. Konnte sich diese Kultur bis heute in Deutschland halten und wenn ja, wie? Auf diese Frage wird in dieser Hausarbeit das Hauptaugenmerk gelegt. Gezeigt wird der Weg des Punks und wie er in Deutschland Einzug gehalten, Anklang gefunden und sich bis heute erhalten hat.

Zum besseren Verständnis wird unter Punkt 2.1 der Begriff der Jugendkulturen erläutert. Auf den Wandel der Jugend im Laufe der Zeit wird unter Punkt 2.2 eingegangen. Unter Punkt 3 wird die Geschichte des Punks und dessen Entstehung beleuchtet, wobei sich aber hauptsächlich an Großbritannien als Entstehungsland gehalten wird. In den nachgehenden Unterkapiteln wird der Punk in Deutschland generell und zur heutigen Zeit erörtert.

2. Jugend(sub)kulturen

2.1 Begriffserklärung

Subkulturen gelten als Teilkulturen einer konkreten Gesellschaft. „Unter Teilkulturen verstehen wir ‚relativ kohärente kulturelle Systeme, die innerhalb des Gesamtsystems unserer nationalen Kultur eine Welt für sich darstellen'. Solche Subkulturen entwickeln strukturelle und funktionale Eigenheiten, die ihre Mitglieder in gewissen Grade von der übrigen Gesellschaft unterscheiden." (zitiert nach: L. v. Friedeburg, 83; Baacke 2007, S.126).

Baacke definiert jugendliche Subkulturen als Ergebnis der unzureichenden Gesellschafts- und Erziehungsstruktur mit denen Sozialisierungsdefizite ersetzt werden. Doch eine genaue Definition gibt es nicht. Primär geht es um eine mittelständische Jugend und deren Freizeitgestaltung. Wegen der geringen Abweichung von der sozialen Norm wird die These zur Subkultur sogar von anderen Forschern widersprochen. Als Argument hierfür wird begründet, dass die soziale Schicht, in der sich Jugendliche befinden, deren Verhalten genauso bestimme wie eigene Werte. Baacke äußert sich zum Thema Subkultur wie folgt: „der Ausdruck „Subkultur" suggeriert, es handele sich um kulturelle Sphären, die unterhalb der akzeptierten elitären Kultur liegen - von teilweise zweifelhaftem Wert und jedenfalls einem irgendwie „unteren" Bereich zugehörig. Diese Deutung entspricht nicht den Tatsachen - wenn zwar sie häufig vertreten wird - und sollte vermieden werden". Es lässt sich jedoch festhalten, dass Subkultur als Betonung der Eigenständigkeit kultureller Systeme haltbar ist. (vgl. Baacke 2007, S.127 - 134).

2.2 Wandel der Jugend im Laufe der Zeit

Schlägt man in einem Lexikon den Begriff „Jugend" nach erhält man folgende Definition: „Lebensaltersstufe, deren Definition und altersmäßige Bestimmung meist unterschiedlich und ungenau ist, in der Regel die Zeit zwischen dem 12. und 25. Lebensjahr umfasst. In biologisch-medizinischer Sicht versteht man unter Jugend entweder generell die menschliche Entwicklungsphase zwischen Geburt und Erwachsenenalter oder teil diese in Kindheit und Jugend und

bezeichnet mit Jugend nun die Zeit zwischen dem Beginn der Pubertät und dem Ende dieser biologischen Reifung." (Das neue Duden Lexikon 1991, Band 5, S.1923)
Der Begriff Jugend hat sich im Laufe der Zeit stark gewandelt. Die Interessen und Probleme der Jugendlichen ändern sich ständig. Während die Jugendlichen in der Zeit nach dem 2. Weltkrieg durch die Eltern zu Tugend und Fleiß erzogen werden, werden die Jugendlichen in den 50er Jahren sehr prüde erzogen. Erst in den 60ern kämpfen die Jugendlichen dafür, offener mit dem Thema Sexualität umgehen zu können. In dieser politisch geprägten Zeit werden neue Lebensformen erkundet und erste Kommunen gegründet. Die Jugend will die Welt revolutionieren. In den 70er Jahren ist die Jugend überwiegend linksorientiert in denen politische Probleme oftmals auch mit Gewalt gelöst werden, aber auch immer mehr Diskotheken wachsen aus dem Erdboden, in denen massentaugliche und politische Tanzmusik gespielt wird. In den 80er und 90er Jahren verlaufen sich diese Werte und die Jugend wird wieder unpolitischer. Es ist eine Zeit der Zufriedenheit. Die Lust auf Partys steigt und mit ihr auch der Hang zu aufputschenden Drogen wie Extasy. Auch die Medien der jungen Leute bewegen sich weiter. Es gibt Handys mit denen man überall erreichbar ist und das Internet steht in seinen Kinderschuhen. Es öffnen sich ganz neue Welten. In der heutigen Zeit ist der Jugend kaum mehr eine Grenze gesetzt. Es gibt unzählige Jugendkulturen und jeder kann quasi machen was er will. (vgl. http://www.nordbayern.de/ressorts/szene-extra/gestern-und-heute-die-jugend-im-wandel-1.192444, 02.12.2016)

3. Punk - Von seinen Anfängen bis heute

3.1 Entstehung des Punk

Das Wort „Punk" wird im Oxford Dictionary bereits für das 16. Jahrhundert belegt: „als Substantiv für Hure, als Adjektiv für verdorben, wertlos, ohne irgendwelche Qualitäten"
Die genaue Entstehung des Punk ist nicht festgelegt und in der Literatur sind verschiedene Jahre als Entstehungsjahre des Punk angegeben. Wird davon

ausgegangen, dass die Ramones zu den Gründerbands des Punks gehören, so hat das, was wir heute unter Punk verstehen, den Ursprung in den USA in den 70er Jahren. Beim Punk geht es vor allem darum, in der Gemeinschaft Spaß zu haben, mit seinem Aussehen zu provozieren und Drogen aller Art zu konsumieren. (vgl. http://www.jackson.ch/punk_geschichte.htm, 02.12.2016) 1977 schwappt der Punk dann nach Großbritannien über. Hier entsteht die Band *Sex Pistols* die vielen als die Gründerband des Punk bekannt ist. Am Tag des Thronjubiläums der Queen, am 06.06.1977, fahren die Sex Pistols mit einer Barkasse die Themse hinunter und spielen vor dem Unterhaus ihren Song God save the Queen/ the fascist Regime/ they made you a moron.../ we're the poison in your human machine. Punk wird von den Jugendlichen vor allem mit Hässlichkeit verbunden und durch diese zum Ausdruck gebracht. Sie tragen Müllsäcke, haben Sicherheitsnadeln im Ohr und bunte Haare - alles nur um zu provozieren und ihre Gesinnung auszudrücken. Punk hat die Möglichkeiten provozierender Jugendkulturen am meisten angetrieben. Durch die Entstehung von Punk-Fanzines, Magazinen von Punks für Punks, wird der Punk schnell populär und das Gruppengefühl verstärkt. Auch wenn die Punk-Traditionen in den einzelnen Ländern doch sehr unterschiedlich sind, stimmen sie in ihren grundlegenden Eigenschaften der Selbstbestimmung überein. (vgl. Baacke 2007, S.75-77)
Und irgendwann Ende der 70er schafft es der Punk dann auch nach Deutschland.

3.2 Punk in Deutschland

Etwas verspätet und eher eine Mischung aus englischen und amerikanischen Elementen erreicht der Punk auch Deutschland in den 80er Jahren. Am Anfang kommen die Anhänger dieser Revolte aus ähnlichen Milieus wie die englischen Punks, also eher aus Großstädten wie Hamburg, Berlin etc. Aber auch junge intellektuelle schließen sich der Punk Szene an um zumindest in ihrer Freizeit ihrer Schülerrolle abzusagen. Die deutsche Antwort auf die Punk-Bewegung findet sich vorerst in der Neue Deutsche Welle, kurz NDW. Die NDW verliert aber ihren Wert, als diese in *Thomas Hecks Hitparade* übernommen wird. (vgl. Baacke 2007, S. 78-79) Es lässt sich festhalten, dass der Punk in Deutschland nicht so populär geworden wäre, gäbe es die Medien nicht. Die Jugendkultur Punk war und ist in Deutschland eher mit Mode verbunden als mit sozialen Aspekten. Doch auch in Deutschland können sich die Jugendlichen mit den Jugendlichen in Großbritannien vergleichen. 1979 findet das erste große Treffen von Punks in Bochum statt. Diese Treffen häufen sich und so entstehen regelmäßig Treffen, wie zum Beispiel in Duisburg und Wuppertal, und sind die Vorreiter der Chaos-Tage. Im Dezember 1982 wird von Jello Biafra während eines Konzerts der Dead Kennedys im Kursaal in Bad Honnef zu den berühmt berüchtigten Chaos-Tagen aufgerufen. Die Punks wollen mit einem massenhaften Erscheinen auch von Nicht-Punks die sogenannte „Punker-Kartei", in der auffällige Punks von der hannoverschen Polizei gelistet sind, wertlos machen. Dieser erste Versuch der Chaos Tage wird jedoch von der Polizei aufgelöst. Die ersten offiziellen Chaos-Tage finden dann vom 01.06. bis zum 03.06.1983 in Hannover statt. Diese Treffen finden nun fast regelmäßig, bis zu ihrer Erlassung am 25.05.1996 durch Polizeipräsident Klosa, statt. (vgl. http://www.chaostage.de/, 02.12.2016)

3.3 Punk heute

Durch die Zugänglichkeit des Punks für jedermann hat er seine provokante Schärfe verloren. Auf den Straßen sieht man häufig noch die „Penner-Punks" mit bunten Haaren und Ratten auf der Schulter. Von der Revolution, aus der der Punk entstanden ist, findet sich heute nicht mehr allzu viel und es ist offen, wann das nächste Aufbäumen des Punks ansteht. (vgl. Baacke 2007, S.80)
Im Gegensatz zu früher ist der Punk heute viel kommerzieller geworden und hat nicht mehr viel mit der eigenen Einstellung zur Politik und/ oder Faschismus zu tun. Auch die Radikalität ist durch die heutige Meinungsfreiheit, die auch unbestraft Kritik am System zulässt, schwächer geworden. (vgl. http://punkinfo.npage.de/punk-heute-punk-damals.html, 02.12.2016)

4. Resümee

Aus den Kapiteln dieser Hausarbeit ist der Weg des Punks von den USA nach Deutschland gut ersichtlich. Auch die Veränderung der Werte wird aufgezeigt. So ist doch deutlich zu erkennen, dass aus der einstigen Jugendrevolte gegen Politik und Erwachsene eine eher mildere Jugendkultur entstanden ist, deren Gemeinsamkeit nach wie vor durch Musik verkörpert wird. Auch das Aussehen hat sich verändert. So kann nun auch ein Bänker von der Gesinnung her Punk sein, ohne dass er bunte Haare oder Sicherheitsnadeln trägt. Denn bei Punk geht es doch vor allem darum, mit den Idealen und Normen der Gesellschaft nicht zu 100% übereinzustimmen. Denn Punk hat sich in den letzten 30-40 Jahren weiter entwickelt und bleibt dennoch eine eigene Art und Weise zu denken und zu leben. Und wie wurde bereits von der Welt am 11.08.2014 durch Frank Schmiechen veröffentlicht: „Punk ist nicht ganz tot - er riecht nur komisch".

Ich persönlich finde es lehrreich und spannend die verschiedenen Informationen zusammen zu tragen und bin verwundert aber auch ein wenig stolz dass zum Beispiel der erste Aufruf zu den Chaos-Tagen aus meinem Nachbarort Bad Honnef stammt. Nach Erstellung meiner Hausarbeit kann ich mich mit der Jugendkultur Punk noch besser identifizieren und es steht fest, dass Jugend in allen Ländern von relativ gleichen Merkmalen geprägt wird.

Literaturverzeichnis

- Baacke, D.; Jugend und Jugendkulturen - Darstellung und Deutung Weinheim und München 2007 (5. Auflage)
- Das neue Duden Lexikon: in 10 Bänden - Band 5 Hock - Krap Dudenverlag 1991 (2. Neuauflage)

Internetquellen

- URL: http://www.chaostage.de/ [Datum der Recherche: 02.12.2016]
- URL: http://www.jackson.ch/punk_geschichte.htm
  [Datum der Recherche: 02.12.2016]
- URL: http://www.nordbayern.de/ressorts/szene-extra/gestern-und-heute-die-jugend-im-wandel-1.192444
  [Datum der Recherche: 02.12.2016]
- URL: http://punkinfo.npage.de/punk-heute-punk-damals.html
  [Datum der Recherche: 02.12.2016]

BEI GRIN MACHT SICH IHR WISSEN BEZAHLT

- Wir veröffentlichen Ihre Hausarbeit, Bachelor- und Masterarbeit

- Ihr eigenes eBook und Buch - weltweit in allen wichtigen Shops

- Verdienen Sie an jedem Verkauf

Jetzt bei www.GRIN.com hochladen und kostenlos publizieren